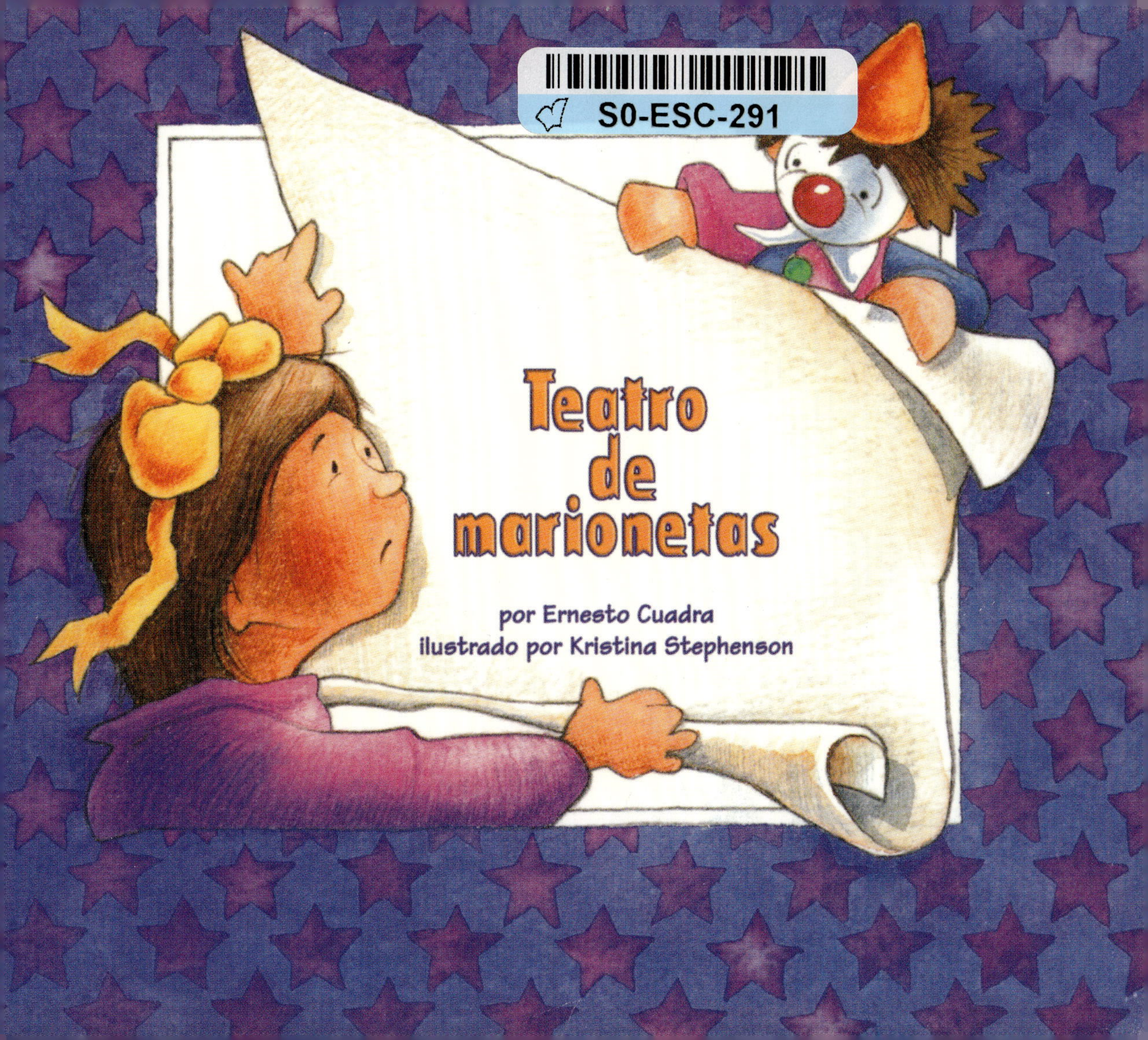

Teatro de marionetas

por Ernesto Cuadra
ilustrado por Kristina Stephenson

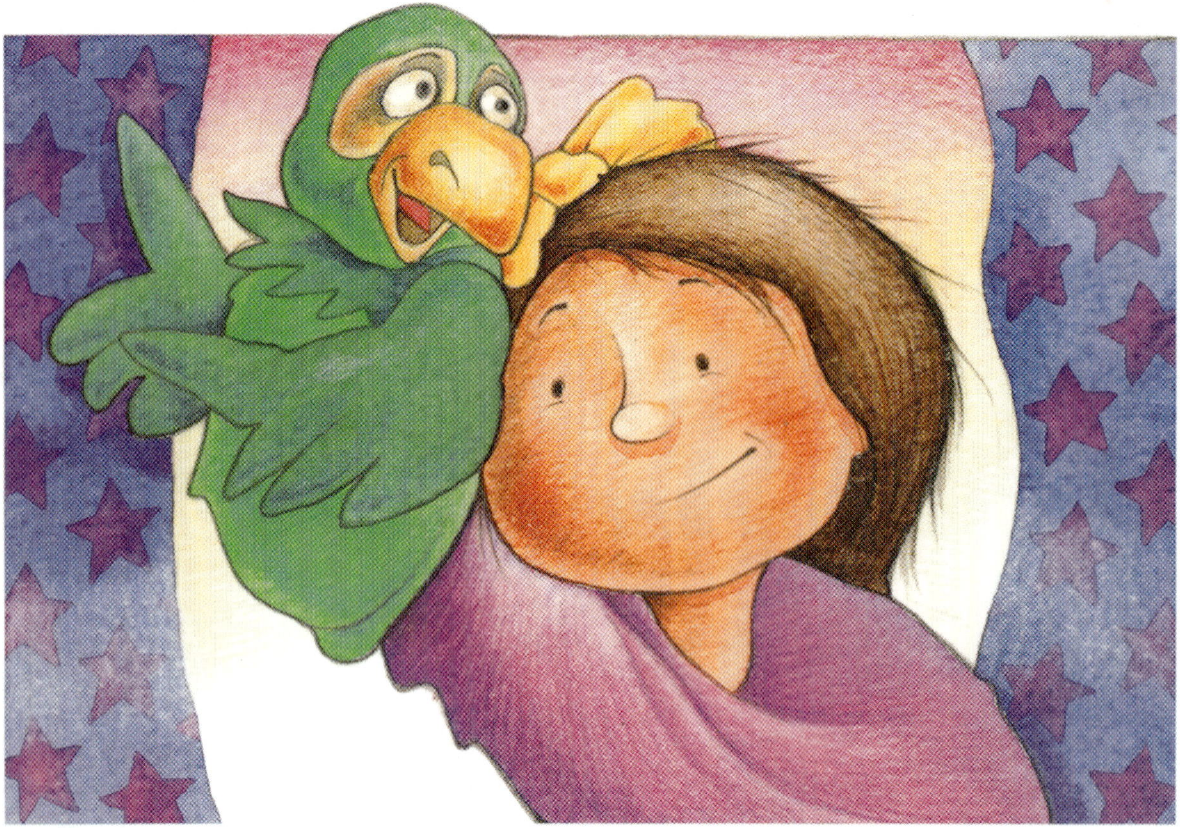

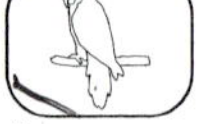

Tengo un loro.

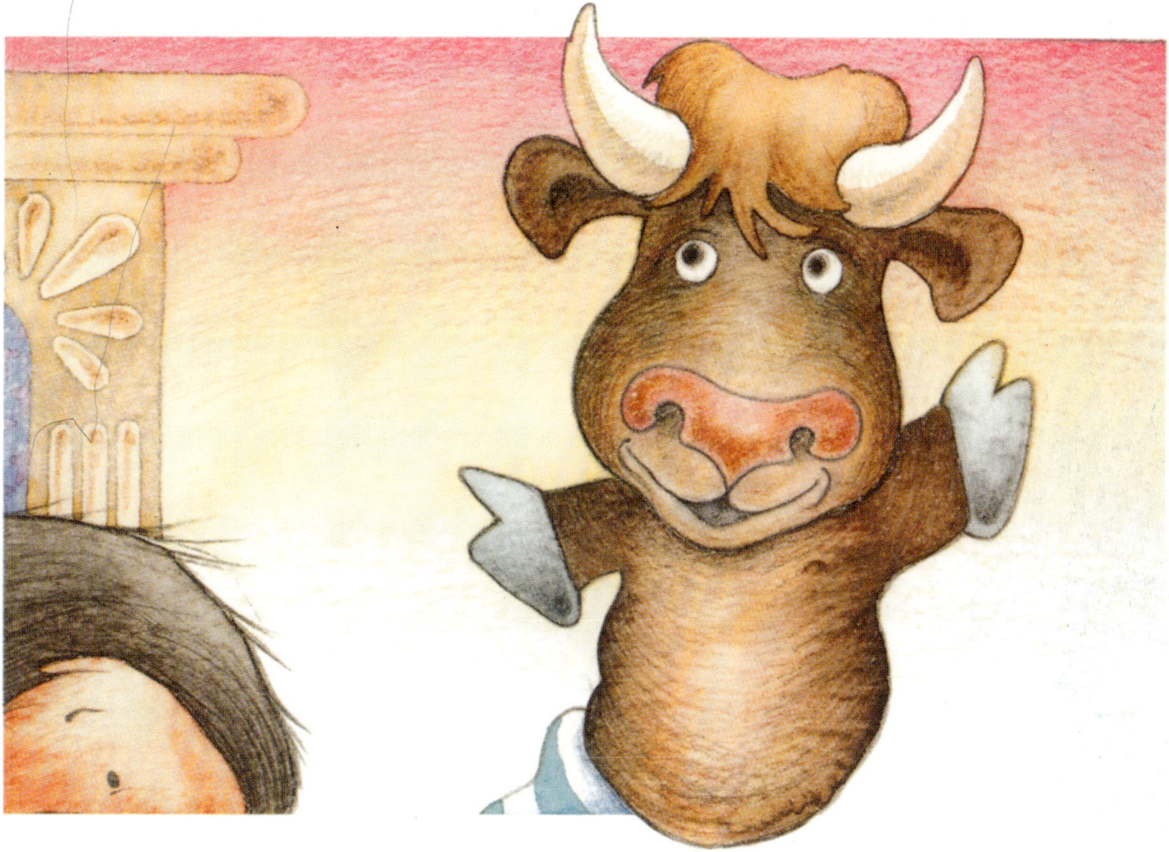

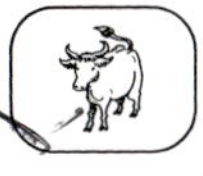

Tengo un toro.

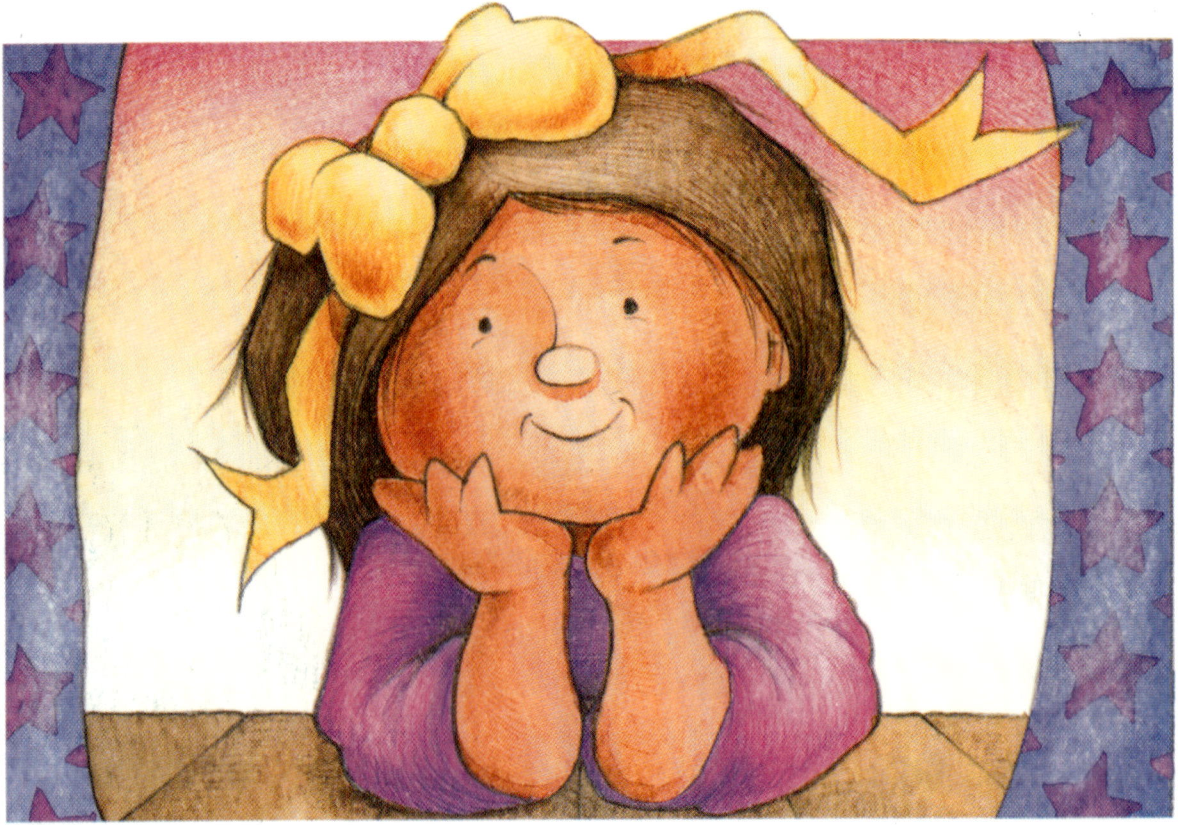

Tengo un lazo.

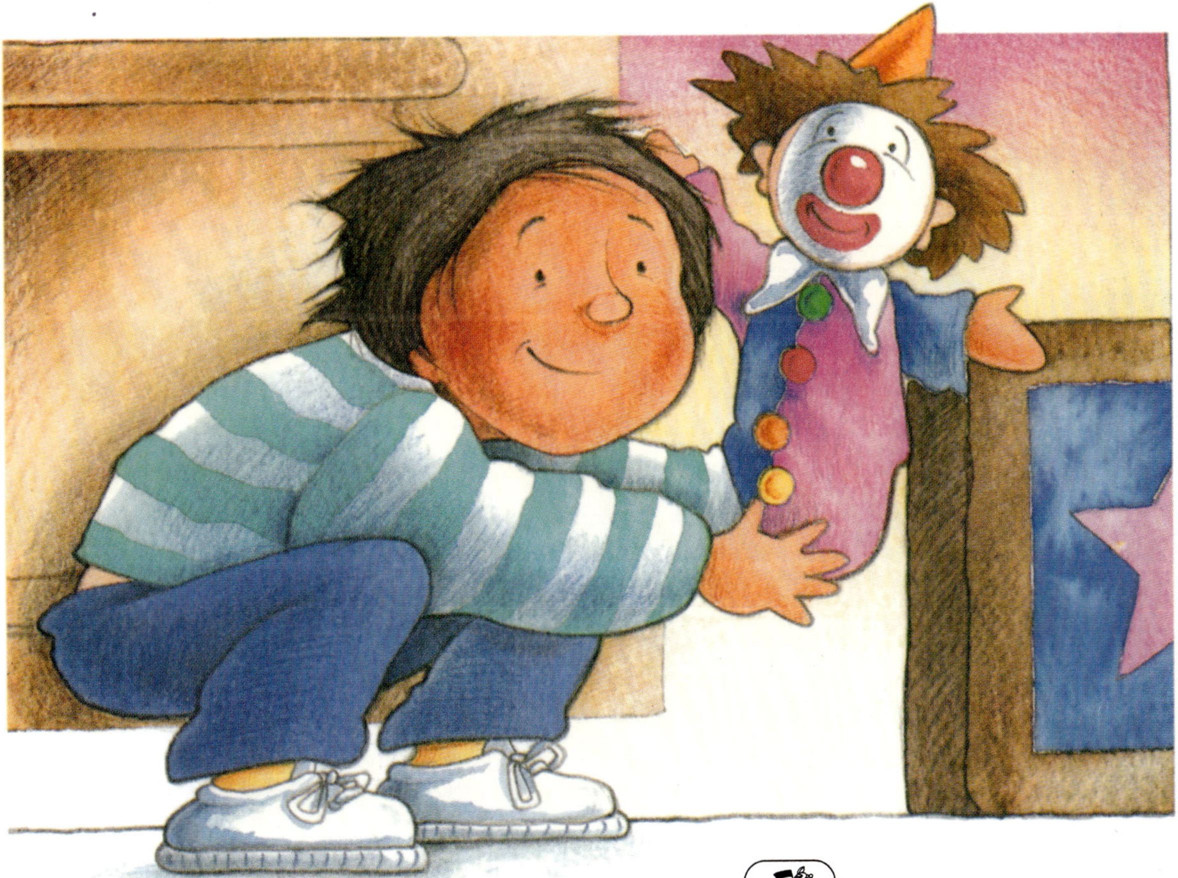

Tengo un payaso.

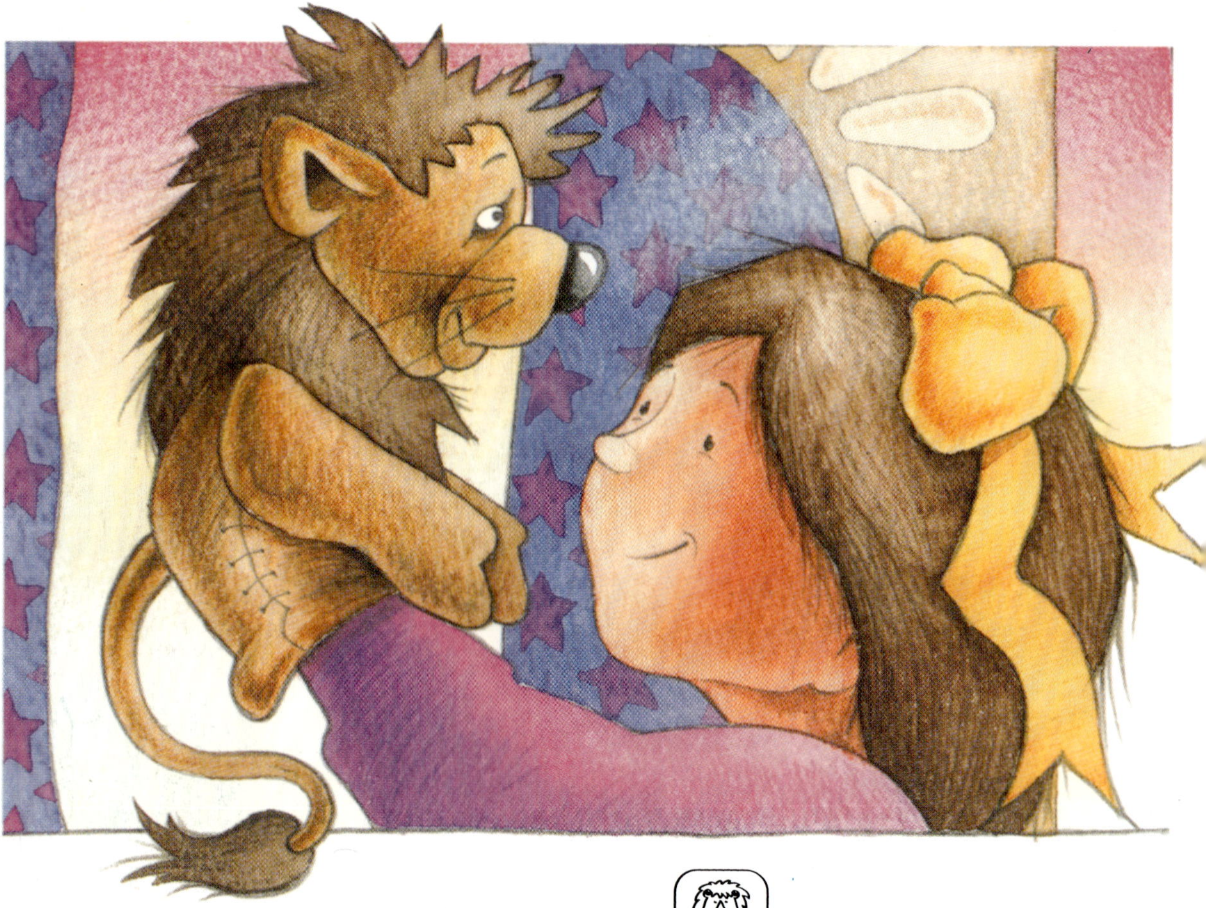

Tengo un león.

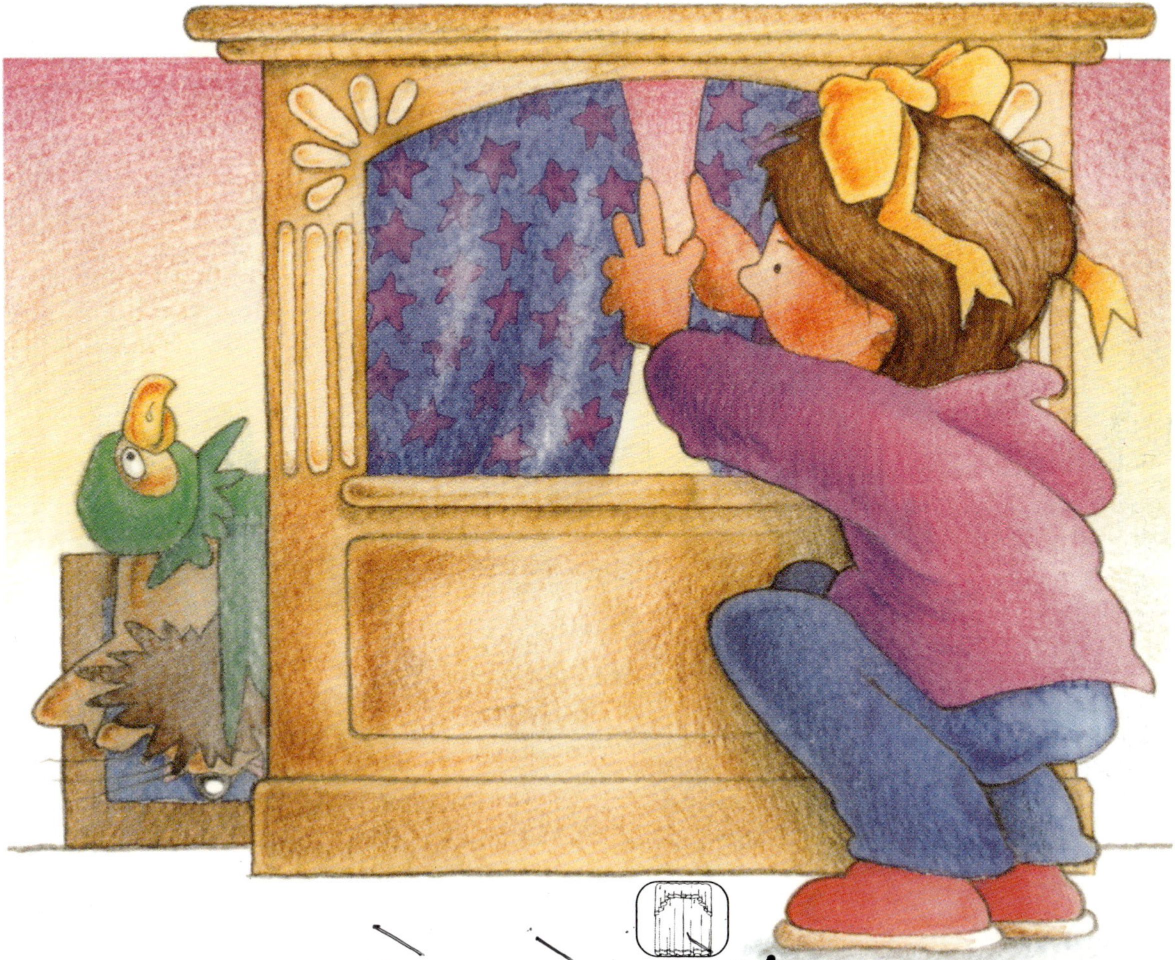

Tengo un telón.

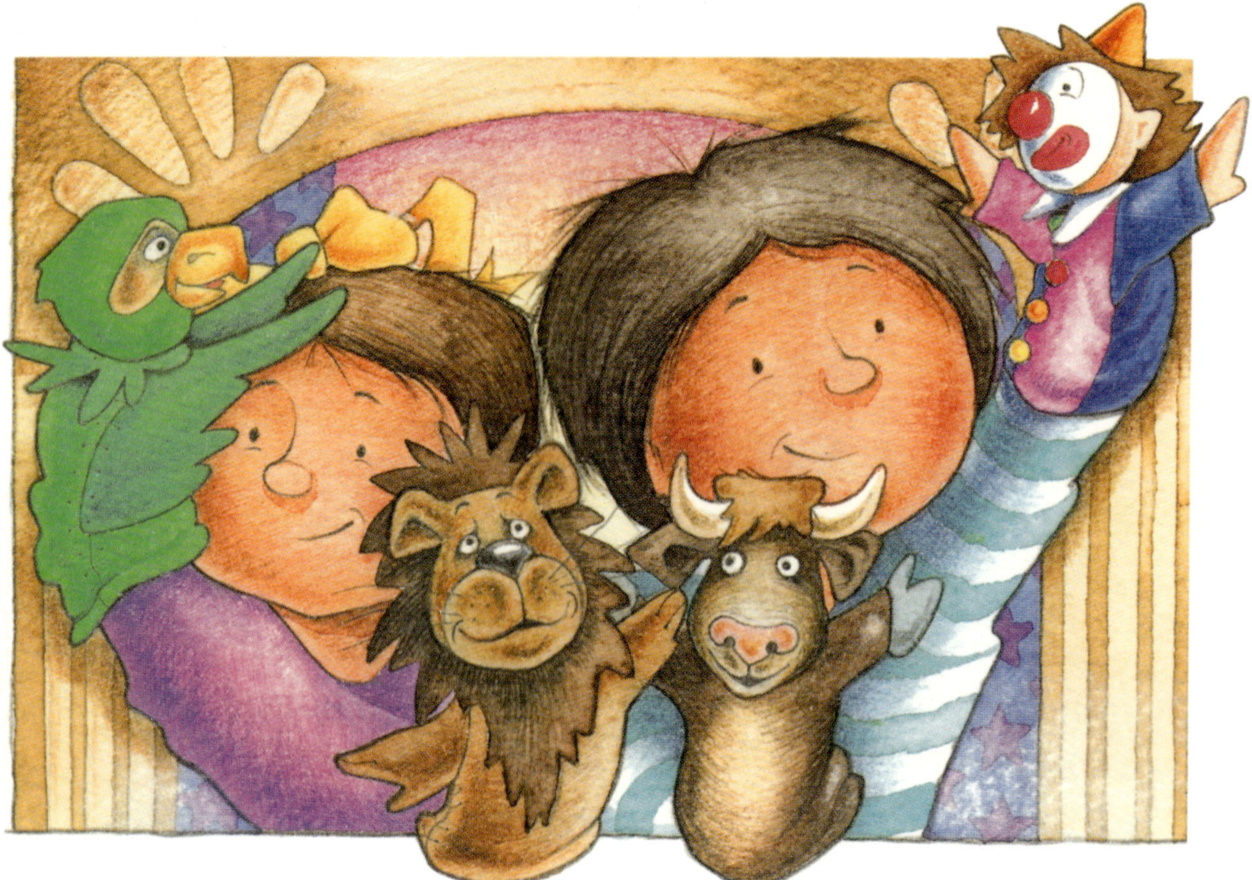

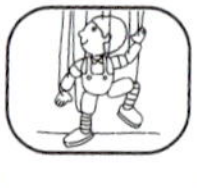

¡Un teatro de marionetas!